Allitera Verlag

Michael Groißmeier, geboren am 21.2.1935 in München, lebt in Dachau. Lyriker und Erzähler. Zahlreiche Buchpublikationen: Lyrik, deutsches Haiku, Kurzprosa, autobiografischer Roman »Der Zögling«. Bürgermedaille der Großen Kreisstadt Dachau, Ehrengabe zur Förderung des Schrifttums, Verdienstkreuz am Bande des Verdienstordens der Bundesrepublik Deutschland, Bayerischer Poetentaler, Ehrengast der Deutschen Akademie Villa Massimo in Rom. Der literarische Vorlass befindet sich beim Literaturarchiv Monacensia der Landeshauptstadt München und im Stadtarchiv der Großen Kreisstadt Dachau.

Michael Groißmeier

Noch ist die Hand mir lebenswarm

Gedichte

Allitera Verlag

Weitere Informationen über den Verlag und sein Programm unter:
www.allitera.de

Bibliografische Information der Deutschen Bibliothek
Die Deutsche Bibliothek verzeichnet diese Publikation in der Deutschen Nationalbibliografie; detaillierte bibliografische Daten sind im Internet über <http://dnb.ddb.de> abrufbar.

Februar 2019
Allitera Verlag
Ein Imprint der Buch&media GmbH, München

Umschlaggestaltung: Franziska Gumpp

Herstellung: Books on Demand GmbH, Norderstedt
Printed in Germany · ISBN 978-3-96233-129-0

Für Margit und Andrea

Gott nahm Samenkörner aus anderen Welten und säte sie auf dieser Erde, und es erwuchs sein Garten, und es ging alles auf, was aufgehen konnte. Das Aufgegangene lebt aber und ist lebendig, nur dadurch, daß es mit anderen geheimnisvollen Welten in Berührung zu stehen sich bewußt wird …

Fjodor Michailowitsch Dostojewskij
Die Brüder Karamasoff

Sic!

Allzeit die Dichter haben
nach purem Gold gegraben
und stocherten doch nur
im Abfallhaufen der Natur!

Kinderspiel

Wie weit die Kinderzeit,
da ich den Pfeil geschiftet!
Das Alter macht sich breit,
mit Gram und Grant vergiftet.

Ich hab ihn oft gespannt,
aus weidnem Zweig den Bogen,
sah auf mein Ziel gebannt.

Nun bin ich selbst das Ziel.
Schon kommt der Pfeil geflogen,
und diesmal ist's kein Spiel!

Kriegskinder

Himmel und Hölle
haben wir auf das Pflaster geschrieben.
Mir blieb die Hölle.
Der Himmel ist dir verblieben.

Wir haben nicht gewechselt.
Du wolltest nicht die Hölle.
Dir hat man ein Holzbein gedrechselt.
Jetzt hast du deine Hölle!

Spiel ich Bach

Ich streiche gern die Geige.
Am liebsten spiel ich Bach,
vor dem ich mich verneige.
Dahin all Ungemach,

gelingen mir Partiten,
gelingt mir die Chaconne,
und Fugen, die gerieten,
sind Paradieses Bronn.

Ich geige die Choräle,
die Passionen gar,
und wenn ich mich auch quäle,
mich tröstet's wunderbar.

Mit den Zehen

Ich spiele die Violinsonaten von Bach,
auch welche von Prokofieff.
Ich spiele sie aus dem Effeff.
Meine Finger sind noch wach,
doch schlafen sie mir ein,
meinetwegen!
Dann laß ich das Fingerspiel sein,
aber mich legen,
das kommt nicht in Frage,
dann werd ich meine Zehen bewegen
und übe mit ihnen die zwölfte Lage!

Die Geige

Ich Alter streich die Geige,
die älter ist als ich,
und streich sie bis zur Neige
mit jugendlichem Strich.

Ich werd solang sie streichen,
die Geige wohlgestimmt,
bis einer, muß ich weichen,
sie aus der Hand mir nimmt.

Meine Geige

Sie ist mein Stiefkind worden,
die Geige, die von Kindheit an
ich hab gespielt. Jetzt ist mein Orden,
mein Stern das Madrigal, mein Wahn.

Ich hab dem Geigenbogen,
dem engelgleichen Saitenspiel,
die Feder vorgezogen,
Petrarca, die Eclogen von Vergil.

Mög Mozart mir verzeihen!
Ja, ja, ich schäme mich vor Bach,
dem ich mich wollte weihen,
den ich gegeigt mit Ach und Krach!

Oft hol ich meine Geige
ganz leis hervor zur Mitternacht,
den Vers verleugnend feige,
der über mich am Tage hatte Macht.

Sterben in Baiern

Stirbt's leichter sich in Baiern
als fern im heilgen Rom?
Ich geh zu Totenfeiern
gern in den Münchner Dom:

Ich geig die Totenmesse
von Mozart freudvoll mit,
so daß ich fast vergesse,
was innig ich erbitt:

Hier möcht ich ohn Beschwerde
den letzten Aushauch tun,
in baierischer Erde
so leicht wie nirgends ruhn!

Lebenswarm

Da ich das Requiem gegeigt
von Mozart, ach, wie weit die Zeit!
Da sich mein Dasein hin zum Ende neigt,
erfaßt mich stille Heiterkeit.

Nichts wissen will ich mehr
von Traurigkeit und Todessucht!
Ich will nur Frohsinn um mich her,
und manchmal greif ich noch, verflucht,

zu meiner Geige, wohlverpackt,
und nehme wie ein Weib sie in den Arm,
und wieder schlägt mein Herz im Takt
und meine Hand wird wieder lebenswarm.

In dieser Welt

Gesang, um nicht zu sterben.
Wolfgang Weyrauch

Gesang, um nicht zu sterben.
Ich sing zur Laute mein Gedicht.
Zerschellt die Welt in Scherben,
doch mich berührt das nicht!

Ich singe, um zu leben,
zu überleben diese Welt,
in der nach Glück sie streben,
die vom Erlösungsschrei durchgellt.

In dieser Welt zu singen,
erfordert alle Kraft,
die Kluft zu überspringen,
die zwischen Sein und Nichtsein klafft.

Die Inschrift

Kein Blatt ohne Inschrift.
Günter Grass

Das schön gepreßte Lindenblatt,
das ich in einem Versbuch fand,
mir scheint, ein weiser Meister hat
beschrieben es mit sanfter Hand.

Ich les ihm ab ein Madrigal,
das nie ein irdscher Dichtermund
gesungen hat in Schöpfungsqual.
Solch Lied tut nur ein Wesen kund,

das seine Inschrift liebend schreibt
auf jedes Blatt, in jede Hand,
was all in seiner Obhut lebt und leibt,
beschreibt mit seiner Saraband'.

Was ich liebe

Ich liebe Türme, sie zeigen,
Finger, zum Himmel hinauf.
Ich liebe der Tropfen Reigen
in der Regentrauf'.

Ich liebe es zu schweigen,
zu schreiben Verse zuhauf.
Ich liebe es, Mozart zu geigen
dank meiner Finger hurtigem Lauf.

Ich liebe es, mich vor Bäumen zu verneigen,
die nicht kennen der Menschen Gerauf.
Ich liebe es, auf einen Turm zu steigen,
am Ohr des Nachtwinds Geschnauf.

Der Dichter

Balsam träuft er in die Seele
derer, die mit Wonne leiden,
die den Tod süß an der Kehle
spüren und daran sich weiden.

Und er sänftigt voller Demut
mit dem Wort, das er erfunden,
aller zarten Seelen Wehmut,
träufelt Balsam in die Wunden.

Nachts beim Schreiben

Auf meinem Schreibtisch, nah bei meiner Hand,
hab immer ich im Blick das Stundenglas,
und unaufhörlich seh ich rieseln Sand.
So hab ich stets vorm Aug des Daseins Maß.

Zur Linken schaut, aus Elfenbein geschnitzt,
der Knochenmann mir bei der Arbeit zu.
Im Licht des Mondes seine Sense blitzt.
Nur mit dem echten Tod auf Du und Du,

der mir als wahrer Freund zur Seite sitzt,
ersinne ich Ghasele, Madrigal,
die meine Feder in das Schreibheft ritzt,
gesiegelt von des Mondes Wundenmal.

Ersatz

Ich habe kein Talent
fürs Zeichnen, Malen,
jedoch mein Herz gehört
den Madrigalen.
Ghaselen ohne Maß,
sind mir Ersatz für das,
was mir im Herzen brennt,
mich unsagbar verstört,
und das sich Gottheit nennt.

Nachts über die Bibel gebeugt

In dieses Leichental,
wie Hesse es genannt,
sind wir zu Leid und Qual
von unserm Gott verbannt,

und wann er uns befreit
aus diesem Tränengrund,
verkündet weit und breit
kein kluger Priestermund.

Die Bibel nichts bezeugt,
die sonst so weise Schrift.
Nachts über sie gebeugt,
harr ich des Geistes Drift.

Ich leb in einem andern Land

In memoriam Friedrich Schnack

Ich lebe nicht im Frankenland
wie weiland Friedrich Schnack.
Nahm er das Weinglas in die Hand,
schrieb Verse er voll Wohlgeschmack.

In ihnen glüht der Frankenwein.
Nehm einen Krug ich in die Hand,
schenk ich mir lautres Wasser ein.
Wärn lauter auch die Verse, die ich fand!

Ich schriebe Verse liebend gern
wie weiland Friedrich Schnack,
so lieblich wie ein Pfirsichkern!
Mein Vers nicht jedermanns Geschmack!

Ich habe Brandgeruch im Mund,
brech meine Verse ich ans Licht!
Mein Mund von Feuersbrünsten wund!
Zu Asche glüht mir das Gedicht!

Ab und zu ein Gedicht

Ab und zu
ein Gedicht …
Heinz Friedrich

Ab und zu ein Gedicht,
um nicht zu ersticken im Morast
des Alltags, in der Pflicht,
die du dir selber aufgebürdet hast!

Ab und zu ein Gedicht,
das aufwiegt die Last der Vergangenheit,
und das dir leicht macht den Verzicht
auf vage künftige Seligkeit!

Gegengewicht

Dieses Gedicht ist ein kleines Gegengewicht
auf der Schale der Waage.
Hans Kruppa

Es ist mein Gedicht
ein Gegengewicht
zum Alltagslärm,
zum Tod im Gedärm,

zum Gedankenzwirn,
der sich abspult im Gehirn,
den ich mir dreh zum Strick,
zur Schlinge um Hals und Genick.

Es ist mein Gedicht
ein Gegengewicht
zur beginnenden Demenz,
zur Wannsee-Konferenz,

die man mir vererbt,
die sich in mein Gedächtnis gekerbt,
die brennt in der Seele wie Jod.
Der Seele Fegefeuer löscht auch nicht der Tod!

Meine Bücher

Die Bücher im Regal,
wohl hundertmal gelesen,
Ghasele, Madrigal,
sind mir lebendge Wesen.

Sonett und Ode sind
mir edle traute Seelen,
die ich wohl wieder find
bei Edens Asphodelen.

Schweigen

Ich versuche zu schweigen,
darum schreibe ich Gedichte;
denn durch sie
wird alles Laute zunichte!

Ich liebe die Windstille,
sie ist die vollkommene Weise
zu schweigen,
dem Göttlichen eigen!

Ich liebe Madrigale,
und ich liebe Ghaselen.
Sie sind des Dichters
schweigsame Seelen.

Es ist mein Bestreben,
zu erlernen des Laubes Sprache,
wiederzubeleben
die Seelenbrache!

Ein Wort erfinden

Ein Wort erfinden, das
die ganze Welt umfaßt,
das Chlorophyll, das Gras,
das Laub und Theophrast,

die Bibel, den Koran,
den Talmud, irgendwas,
nur nicht den Scharlatan,
den Menschen ohne Maß!

Ich gehöre zu den Toren

Noch einmal den Wind spüren in allen Poren,
ehe die ewige Windstille über mich hereinbricht!
Noch gebe ich mich nicht verloren,
atme Luft und trinke Licht.

Zum Sterben hingeboren,
übe ich keineswegs Verzicht,
ich gebe meinem Pegasus die Sporen:
Mein Lebenselixier ist das Gedicht!

Ich gehöre zu den Toren,
von denen keiner spricht.
Doch bleibe ich ungeschoren
vor dem Ewigen Gericht?

Vollendetes Gedicht

... und jeder Satz ist wie ein Epitaph ...
Rainer Maria Rilke

Und jeder Satz ist wie ein Epitaph,
und jedes Wort ist wie ein Schlaf,
aus dem es kein Erwachen gibt
für den, der liebt, unmäßig liebt,

und jeder Schlaf, der endet nicht,
ist ein vollendetes Gedicht,
und jeder Vers ist Anfang, Ende, Zeit,
die mündet in Zeitlosigkeit.

Zeitlos

Schreiben war mein halbes Leben.
Findet schon die Wandlung statt?
Denn ich fühl die Hand entschweben
leicht im Wind als Ahornblatt.

Und ich seh mit Augen, blinden,
was es in die Lüfte schreibt:
etwas, das ich nie konnt finden,
das für immer zeitlos bleibt.

Tschechow lesend

In meine grüne Schreibtischlampe bin
ich wie in nichts sonst, oh, verliebt,
als hätt ich sie von Tschechow ausgeliehn,
der mir so viel zum Lesen gibt,

»Die Dame mit dem Hündchen« beispielsweis,
mit welcher ich geheime Liebschaft pfleg,
aus der ich keine Lösung weiß
und aus der Lüge keinen Weg.

Mein Arbeitszimmer hat
ins »Krankenzimmer Nr. 6« verwandelt sich.
Ich grüble, wie sich Menschen fühlen, geistesmatt,
die man gelassen hat im Stich.

Vor Trakls Grab

Täuscht mich mein Ohr? Ich hör, wie du
noch immer deine Verse stöhnst.
Noch immer hast du keine Ruh,
an die du niemals dich gewöhnst.

Die Erde liegt nicht leicht auf dir,
die du als Last empfunden hast.
Ich fühl die Auferstehungsgier,
die dein zerfallnes Fleisch erfaßt.

Der Himmel, nie von dir gelobt,
auch dieser wäre dir nur Last.
In deinem Staub der Aufruhr tobt,
auch in der Gruft ist er nur Gast.

Dem Sänger des Todes

Du mein an Freuden reicher Tod!
Fjodor Sollogub

So könnte ich wohl niemals jubeln
wie du, mein Dichterfreund, schon lange tot!
Gesegnet warst du nie mit Rubeln,
rubinen doch sind deiner Verse Glut!

Die aber fanden keine Gnade,
weil sie der neuen Ordnung nicht genehm.
Du warst die bourgeoise Made,
die fehl im bolschewistischen System.

Das haben sie extrem betrieben:
Maschinerie des Todes, Gulagpein.
Den du als freudenreich beschrieben,
der Tod doch durfte dir Genosse sein!

Schmetterling und Seele

Als habe Gott ihn selber angehaucht,
so leichthin in der Luft der Schmetterling.
Ob unsre Seele Gottes Anhauch braucht,
dies unsichtbare, flügellose Ding?

Der Dichter gerne sie vergleicht,
die Seele, mit dem Schmetterling,
in dem sie ihre Seligkeit erreicht,
die lebenslang im Leib als Puppe hing.

Die Welt

... die Welt strömt ein. Ich atme sie zurück.
Elisabeth Langgässer

Die Welt strömt ein. Ich atme sie zurück,
die Welt, durch Vers gereinigt und Gedicht,
Ghasele, Madrigal: ein Hauch von Glück
in unserm Tränental, ein Hauch von Licht.

Ich atme sie zurück, durch Ode und Sonett
gereinigt diese Welt, ein Hauch
Glückseligkeit in unserm Tal so wund
und weh und voll der Feueröfen Rauch.

An die Kraft

Warum denn mich
erschufst du, Kraft,
so frag ich dich,
nimmst mich in Haft

für eine Schuld,
mir unbewußt!
Was ich erduld:
zu deiner Lust?

Was mich erfreut:
Das Dichterwort!
Ob es dich reut
und nimmst mir's fort?

Du löschst das Licht
im Aug mir aus.
Zerdrück mich nicht
wie eine Laus!

Du schonst mich nicht,
doch schon mein Wort!
Nicht mein Gedicht,
nur mich wirf fort!

Den Tod überlistet

Ein Spaten wird auch mich zerhacken,
der Lebens Lust und Leid erfahren.
Noch hab ich nicht gebeugt den Nacken.
Gleichwohl spür ich die Faust mich packen,
die Tötensgier des Unsichtbaren.

Doch vor er zudrückt mir die Kehle,
die letzten Worte zu ersticken,
das Licht löscht aus in meinen Blicken,
hab ich, auf daß er sie verfehle,
in Verse eingehaucht die Seele.

Altersweisheit

Sein Alterswerk, man nennt
es abgeklärt und weise.
Ob man sein Jugendwerk nicht kennt?
Sind weise denn nur Greise?

O hätt ich noch den frischen Blick,
die klare Sicht der Jugendjahre,
ich scheute nicht den Faustschlag ins Genick
und zagte nimmer vor der Totenbahre!

Was man verkennt
als Altersweisheit und
den Höhepunkt des Schaffens nennt,
ist nur ein Angstschrei stumm aus altem Mund!

Aronstab

Werd ich das Gedieht vollenden,
das ich angefangen hab?
Nehme ich die halbe Strophe
mit hinunter in das Grab?

Werde ich sie dort vollenden
mit des neuen Geistes Gab,
sie ans Licht nach oben senden,
sichtbar als der Aronstab?

Löwenzahn

Die Samen fliegen weit hinaus,
zerblas ich ihn, den Löwenzahn.
Bald bläst ein anderer mich an
und bläst mich aus dem Erdenhaus.

Wo aber länd ich an? Im Paradies? Und werde
ich Wurzel fassen auf der Asphodelenwiese?
Werd ich verbannt auf eine andre öde Erde,
die ich mit Augenwasser muß begießen,
daß aus der Wüste es beginnt zu sprießen?

Todeslust

Du stirbst, den Vögeln macht's nichts aus.
Sie singen früh und froh wie immer.
Der Mond lacht überm Leichenhaus.
Im offnen Aug der Sterne Glimmer.

Die Bienen fliegen ein und aus.
Der Honig doch gehört dir nimmer.
Dein Hut hängt noch am Bienenhaus.
Der Kirschbaum steht im Blütenschimmer.

Du meinst, du seiest unersetzlich,
die Sonnenuhr, sie bleibe stehn.
Du hältst dich auch für unverletzlich,

der Stachel treff nicht deine Brust.
Du unterschätzt des Todes Lust.
Auch du kannst ihr nicht widerstehn!

Im Frühling

Du bestaunst die blühenden Kirschen
und die Bienen, die sie zu bestäuben sich mühn.
Du spürst in deinen Knochen das Knirschen,
und wie dir vor Augen wird grün.

Es ist nicht das frische Grün der Birken,
dein Kreislauf sinkt in den Keller.
Bald wandelst du in anderen Bezirken.
Aber wird dir dort heller?

Dort kannst du die Asphodelen bestaunen.
Vielleicht triffst du auch Bekannte,
die bei deinem Anblick raunen:
auch er, den unser Herr in den Himmel verbannte.

Türkenbund

Er läßt sich niemals blicken,
der Gott, der uns erschuf.
Seh in der Taube Nicken,
hör in des Kuckucks Ruf

ich jenen Unsichtbaren,
der stets Geheimnis bleibt?
Werd jemals ich erfahren,
was in den Sand er schreibt

mit Tausendfüßlerfüßen?
Seh ich im Türkenbund
– ich furcht, ich muß es büßen –
des Gotts verschlossnen Mund?

Schnittblumen

Schnittblumen, abgetrennt vom Beet
mit der Schere oder dem Messer.
Geköpft oder den Hals umgedreht,
was ist besser?

Schnittblumen, ertränkt
in der Vase.
Was ist besser, gehenkt
oder vergiftet durch Gase?

Schnittblumen mit dem Geruch
der Morgue am Mittag,
oder riechend nach einem Leichentuch,
das zu lange in der Sonne lag.

Brennnesseln

Sie sengen meine Hand.
Ich zucke nicht zurück,
denn auch der Nessel Brand
empfinde ich als Glück,

und wohlig ich empfind
den sanften Schmerz, der mich
fast hoffen macht, so lind
sei auch des Todes Stich.

Dem Himmel näher

Am liebsten geh ich barfuß durch das Gras.
Der Morgentau kühlt mir das heiße Blut.
Den Morgengruß mir bieten Fuchs und Has.
Die Lerchen in den Lüften sind mir gut.

Ich fühle allen Wesen mich verwandt
und nehme teil an der Geschöpfe Qual.
Warum hat Gott sich von uns abgewandt?
Ich wandre, dankend ihm, durchs Tränental.

Ein jeder Käfer ist mir Augenweid,
der Ruch der aufgebrochnen Krume Rausch!
Wie Schlehdornsaft am Gaumen schmeckt das Leid,
das ich nicht mit der Freude Süße tausch!

Ich bange um den totgetretnen Wurm,
um seine Seele, die zerstäubt zu Staub.
Ich steige gern auf einen hohen Turm,
dem Himmel näher, der sich stumm stellt, taub.

Eidechse

Eidechse sonnt sich auf dem Stein
und hat mich unentwegt im Blick.
Ich wähn, sie weiß um mein Geschick.
Ich möcht mit ihr verschwistert sein,

wir stammen aus demselben Meer!
Ihr Auge auch dem meinen gleicht.
Wie oft ich Bruderschaft beschwor,
sie bleibt wohl ewig unerreicht!

Unvorstellbar

Eidechse sonnt sich auf dem Stein.
Geh ich in ihre Augen ein?
Fühlt sie, ich möcht ihr Bruder sein?

Sie hat im Blick mich immerzu.
Wär ich mit ihr auf Du und Du
und übertrüg sich ihre Ruh

auf mich, der ich so unruhig bin,
schon bangend auf das Sterben hin,
das nicht für mich zu gelten schien!

Spinnennetze

Die Spinnennetze, Todeswiegen
für Schmetterlinge, Falter, Fliegen.
Der Wind wird in den Tod sie schaukeln,
die sorglos in die Netze gaukeln.

Der Spinnengott verborgen lauert.
Nicht lang der Kampf der Opfer dauert.
Der Spinnengott hat hundert Augen,
wird bis zur Hülle aus sie saugen.

Und manchmal auch im Netz verfangen
sich Zittergräserherzen, bangen
umsonst: Der Spinnengott verschmäht sie.
Ein andrer Schnitter aber mäht sie,
wenn sie in seine Schneid' gelangen.

Augenblick des Sommers

Atem eines Gottes: Hummelhauch,
über violette Disteln hin?
Augenblick des Sommers, da ich auch
nur ein Hauch im Atem jenes bin,
der mich sanft zu atmen weist,
meinen Atem stillzustehen heißt.

Unerfüllte Bitte

Wir sind schon in der Jahresmitte ...
Wilhelm Lehmann

Wir sind schon in der Jahresmitte,
und immer noch liegt's in der Luft
wie eine unerfüllte Bitte,
nicht zu besänftigen vom Duft

der Rosen, die nicht darben,
nicht dorren wie der Eisenhut,
noch blühn in Blutes Farben,
noch nicht verglühen in der Glut

des Rausches, der nicht endet,
der sich vollkommnet in der Lust
des Sterbens, sich vollendet,
erstirbt die Bitte in der Brust.

Die Frau

Die Pflaume prunkt in Purpurblau.
Das Fruchtfleisch in der Hitze gärt.
Im Gartenstuhl schläft eine Frau,
in deren Brust die Wunde schwärt.

Die Haut der prallen Pflaume platzt,
aus der schon goldne Fäulnis quillt.
Den aschnen Mund der Frau brandschatzt
verschwiegner Schmerz, und ungestillt

die Sehnsucht nach dem sanften Kuß
des Tods. Der alte Pflaumenbaum
ächzt in der Früchte Überfluß.
Wes Hauch rührt an des Frauenmundes Saum?

Zwölf Uhr mittags

Die Bäume hüllen sich in ihren Schatten,
der ihnen Kühlung verspricht.
Die Blätter ermatten
im sengenden Licht.

Sie lechzen nach Regen,
den die Wolke verwehrt.
Die sich zum Schlafen legen,
werden von Träumen versehrt,

und sie spüren sie reifen,
die Frucht in der Brust,
und eine Hand nach ihr greifen
voller Gier, unmäßiger Lust.

Sommerabend

Auf weißem Blütenteller der Holunder
serviert dem Schmetterling ein duftend Mahl.
Der Kürbis schwillt, wird immer runder,
und platzt er auf, klafft einer Wunde Mal.

An seinen Säften laben sich die Bienen,
das Pfauenauge und der Admiral.
Schon ist im Ost der volle Mond erschienen,
bereitet für des Siechen Abendmahl.

Er ist ihm Hostienbrot und Seelenspeise,
Wegzehrung aus der Erde Tränental
bei seiner lange schon erhofften Reise
in das verheißne Eden sonder Qual.

Nur Allüre

Der Sommer will nicht enden
mit Hitze und Schwüle.
Mit bloßen Brüsten und Lenden
lechzen die Menschen nach Kühle.

Ich liebe die Kühle
der Gedanken.
Doch Gefühle
lassen mich schwanken.

Ach, Liebesschwüre,
die nichts bedeuten!
Liebe ist nur Allüre
von wohlerzogenen Leuten!

Der grosse Betrug

Tag, der den Sommer endet.
Gottfried Benn

Tag, der den Sommer endet,
irgendwann im August,
und daß auch dein Leben sich wendet,
dessen wirst du dir, Alter, bewußt.

Kein Kuß mehr befeuchtet
die Lippen vor Lust.
Dein Abgang aber wetterleuchtet
dir schon durch die Brust.

Du hast dir gebrochen
an roten Rosen genug.
Das Urteil ist gesprochen:
Jetzt naht er, der große Betrug!

In meinem Garten

Geh ich durch meinen Garten, nicken
mir alle Blumen freundlich zu,
die Winden, die bescheidnen Wicken,
geheimnisvoll der Frauenschuh.

Die rote Rose, die ich kose,
verletzt mich nicht mit ihrem Dorn.
Weiß mich als Bruder schon die Rose?
Beginn als Blume ich von vorn?

Ich spüre schon in mir den Wandel,
den wunderbaren Neubeginn,
und wie mein Herz schon reift zur Mandel,
wie in der Walnuß keimt mein Sinn.

Ernüchterung

In meinem wunderbaren Garten
hab ich die Blumen gern gehegt.
Ich fühlte, daß sie auf mich warten,
und hab zu ihnen mich gelegt,

hab ihre Düfte eingesogen,
geatmet ihre Heiterkeit.
Dann ging ich durch den Rosenbogen
hinaus in die Unwägbarkeit.

Im Garten

Wer kümmert sich um meinen Garten,
wenn mir die Arbeitshand erlahmt?
Wer gießt sie, die auf Wasser warten,
die Rosen, rot wie weicher Samt?

Wer möchte auch das Unkraut lieben,
die Nessel, die wie Feuer brennt,
und die ich lustvoll hab zerrieben,
auf daß die Hand den Schmerz beizeiten kennt!

Wer lernt sie kennen, Freuden, Leiden,
die jedes Dasein mit sich bringt?
Und muß ich von den Blumen scheiden,
ob findet sich ein Mund, der singt,

und eine Hand, sie zu liebkosen?
Wer aber sitzt des Nachts im Gartenhaus,
weiß überwölbt von Sternen, Rosen,
will nicht mehr in den Lärm hinaus!

Beschäftigung mit Gartenerde

Beschäftigung mit Gartenerde,
das ist nicht nur ein Zeitvertreib.
Ich üb mit Hand und Fuß und Leib,
daß ich ihr einmal ähnlich werde.

Und wenn mir Hand und Fuß erlahmen,
ich laß nicht von der Erde los,
in deren mütterlichem Schoß
einst aufgehn werde auch mein Samen.

Neubeginn

In jeder Pflanze, jedem Tier
wähn ich geheime Bruderschaft.
Die Wolfsmilch ätzend fließt in mir,
der Zorn des Hahns nimmt mich in Haft.

Die Sanftmut auch der Akelei
besänftigt mir das Herz, den Sinn.
Ich keime im Eidechsenei
entgegen einem Neubeginn.

Ich sehne mich nach neuem Sein,
das nichts mit Menschen hat gemein,
die nur der Lust zu töten frönen!

Ich seh im Königskerzenschein
wie nirgendwo so klar, so rein
die Kraft des Guten, Wahren, Schönen!

Verhehlte Bruderschaft

Nicht vor dem Stein zuckt sie zurück,
die Schnecke, doch vor meinem Fuß.
Sie fühlt wohl, daß er sie zerdrück.
Wie ich der Schnecke fremd sein muß,

die wir doch eines Wesens warn,
von unsrer Bruderschaft beseelt –
mit Käfer, Gras und Blatt und Farn,
die vor dem andern jeds verhehlt!

Rote Gladiolen

Der Rosen Wundbrand in der Nacht.
Der Blutrausch roter Gladiolen.
Des Nachtwinds Seelenaschenfracht.
Wem aber bin ich anbefohlen,

der ich in Traumes Ketten schmacht?
Wann aber wird mich Charon holen,
und welche Kraft nimmt mich in Acht,
der hinstirbt sacht und sanft, verstohlen?

Welch Kraft hat über Herzen Macht,
befiehlt Systole, Diastole?
Welch Kraft lenkt sie, die Sterbeschlacht?
Wen trifft das Schwert der Gladiole?

Wenn du zum Schweigen bist gebracht,
winkt dir des Himmels Gloriole?
Das Fegefeuer schon entfacht?
Noch brennt die Erde unter deiner Sohle!

Spätsommer

Lavendel und Salbei.
Bald ist die Zeit vorbei
der Düfte, Wohlgerüche.

Vorbei die geile Brunst.
Bald zieht Verwesungsdunst.
Die Lieb geht in die Brüche.

Nicht kittest du die Scherben.
Du unterdrückst die Flüche
und übst dich in der Kunst,
geduldig abzusterben.

Der Walnussbaum

Der hundert Jahre alte Walnußbaum,
er trägt wohl tausend Nüsse,
und jede Walnuß birgt den Traum
vom Frieden, welcher endlich werden müsse.

Oh, überließen wir dem Walnußhirn
das Denken und das Handeln,
es müßte sich die Erde, unser blutiges Gestirn,
zum Paradies verwandeln.

Septembermorgen

Ich fand mein Herz am Morgen starr
Von einem Tone, den es nicht ertrug …
Rudolf Burchardt

Ich fand mein Herz am Morgen starr
von einem Tone, den es nicht ertrug,
so daß es, von der Raben heiserem Gegarr
verängstigt, bis zum Hals mir schlug.

Es zu beruhigen, ging hinaus ich in das Licht,
schritt bloßen Fußes durch den Morgentau,
auf meinen Lippen ein Gedicht.
Ich hörte Blumen läuten blau

und weiß in mir vertrautem Glockenton.
Da läutete mein Herz ganz leise mit.
Ganz ferne schon der Raben Hohn.
Verebbt des Halbmonds Sichelschnitt.

Verstecken

Meine Worte verstecke ich in einem Laubhaufen,
in dem ein Igel seine Winterwohnung findet.
Sein Lied trällert der Herbstwind in den Regentraufen,
während der Gärtner einen Totenkranz bindet.

Keiner soll meine Worte finden,
nur den Igel sollen sie wärmen,
während Metzger von den Säuen die Häute schinden,
zu Würsten stockt das Blut in den Gedärmen.

Man wird mich unter einem Erdhaufen verstecken,
den sie hastig über mich häufen.
Wird Gott mich erwecken,
Licht in meine Augen träufen?

Noch einmal

Was die Rosen offenbaren,
mir ist es ins Blut geschossen.
Jetzt in meinen alten Jahren,
da ich müde bin, verdrossen,

will die rote Brunst der Rosen
heiß durch meine Adern fließen,
und was schon begann zu glosen,
will empor als Flamme schießen.

Beuge dich dem Unabänderlichen!

Und den Tod aus jeder Blume riechen.
August Graf von Platen

Und den Tod aus jeder Blume riechen.
Aller Duft strömt schon Verwesung aus.
Siehst du die Oktoberrosen siechen?
Irgendwann trägt man dich aus dem Haus!

Beuge dich dem Unabänderlichen!
Nachtwind löscht die Königskerzen aus.
Nichts mehr bleibt von deinen Federstrichen,
doch es währt der Glanz des Morgentaus.

Letzte Rose

Wer hat dieser letzten Rose
Ihren letzten Duft verliehn?
Georg von der Vring

Wer hat dieser letzten Rose
ihren letzten Duft verliehn,
die zum letzten Mal ich kose,
eh ich muß von hinnen ziehn?

Ganz in ihren Duft ich senke
mein gezeichnetes Gesicht,
daß sie mir zum Abschied schenke
Sänftigung für den Verzicht

der mir wurde aufgezwungen
von dem Gott, der zürnt und straft.
Letzte Rose, vielbesungen,
auch von mir mit letzter Kraft!

Letzte Rose

Ich sah des Sommers letzte Rose stehn ...
Friedrich Hebbel

Ich sah des Sommers letzte Rose stehn,
und sah sie sich in höchster Glut verbluten.
Ich konnte nicht an ihr vorübergehn,
denn Wehmut wollte jäh mich überfluten.

Ich dämpfte sie, stach ich mir ihren Dorn
ins Fleisch und spürte desto mächtiger
den Schmerz, den auch nicht linderte der Born
des Bluts, der meiner Hand entquoll, doch prächtiger

vergoß ihr Blut die Rose und erblaßte
als wie im Frost, als ich, erfüllt von Leidenslust,
erneut nach ihren Dornen faßte
und ihren schönsten stach mir in die Brust.

Der Tod in Eile

Eicheln wie Patronen.
Peter Huchel

Eicheln wie Patronen.
Herbstzeitlosenpfeile.
Nur kein Herz verschonen,
Tod ist jetzt in Eile,

knickt die Anemonen,
bricht die Gladiolen,
raubt die Dahlienkronen,
stäubt die Nachtviolen

ein mit ersten Flocken,
löscht die Königskerzen,
eilt, vom Baum zu brocken
Äpfel, Nüsse, Herzen!

Astern

Der Astern Trauer will auch mich ergreifen,
wenn meine Finger ihre Bläue streifen.

Ich laß die Augen in die Höhe schweifen:
Wird eine Frucht im Paradies mir reifen?

Ich hör beim Totenamt die Orgel pfeifen,
beim Grabspruch Krähen in den Bäumen keifen.

Ich werd im Grab versauern und verseifen.
Des Schöpfers Absicht werd ich nie begreifen!

Die Bruderseele

In den gestrengen Zügen der Natur
empfind' ich die verwandte Seele nur.
Conrad Ferdinand Meyer

Wir sind entfremdet der Natur.
Abhanden kam uns ihre Seele.
Kein frohes Lied, ein Seufzen nur
nach ihr quält sich aus unsrer Kehle.

Wir leben in den Tag hinein,
den Blick gerichtet auf die Stele.
Wir sind im Sterben nicht allein,
die Erde nimmt uns auf, die Bruderseele.

Entfremdet

Vieles unvollendet bleibt,
vieles auch bleibt ungesagt.
In die Luft der Falter schreibt,
was zu sagen keiner wagt.

Was der Deutung sich entzieht,
haftet Pflaumen an als Hauch.
Scheue Seele, sie entflieht
mit dem Königskerzenrauch.

In die Luft der Falter schreibt,
was vermag nicht eine Hand.
Falterschrift verschlossen bleibt
unserm nüchternen Verstand.

Ja, entfremdet der Natur
sind wir längst in Herz und Sinn,
jener Kraft, die Form, Kontur
allem gibt seit Anbeginn.

Zurück zum Meer!

Was einmal Flosse war, ist Hand.
So sind wir mit dem Fisch verwandt.
Darum die Sehnsucht nach dem Meer,
aus dem wir alle kommen her!

Jedoch ist uns, als wir dem Meer entschwommen,
des Fisches Stummheit bald abhanden kommen.
Erfüllt mit Lärm seitdem die arme Erde.
Zurück zum Meer, daß wieder Stille werde!

Meeresstrand

Denn auch die Steine sterben!
Meereswind schleift sie zu Sand.
Sturzwogen um ihn werben,
herrollend an den Strand.

Sturmvogelkrallen kerben
Schriftzeichen in den Sand.
Die Wellen spülen Scherben
hellschimmernd an den Strand.

Der Seestern muß verderben,
fünffingrig, Neptuns Hand,
zerschnitten von den Scherben,
versunkner Schiffe Tand.

Zeit, du Fluss

Zeit, wohin fließest du? Nach Avalun …
Elisabeth Langgässer

Zeit, wohin fließest du? Nach Avalun,
nach dem ich mich immer schon gesehnt?
Ich habe keine Zeit mehr zu ruhn,
mir ist mein Leben nur gelehnt!

Zeit, du Fluß, nicht Styx, nicht Acheron,
wo fließest du hin?
Wenn nicht nach Avalon,
dann dorthin, wo ich seliger
als in Eden bin?

Nichts unterm Strich

Allmählich wird dir der Anzug zu weit,
allmählich bekommst du die angemessene Figur
für die Ewigkeit.
Mit schlotternden Hosenbeinen
gehst du spazieren im Park,
und möchtest du dich mit einer vereinen,
produzierst du nur Quark.
Sogar die Oktoberrosen belächeln dich,
und ziehst du die Summe, bleibt nichts unterm Strich.

Charons Nachen

Dir fällt das Haar aus,
dein Schädel wird beinern.
Du spürst schon den Garaus.
Dein Herz klumpt steinern.

Wie makellos war dein Gebiß!
Es machte Spaß zu lachen.
Allmählich bekommst du Schiß
vor dem höllischen Drachen,
dem Krebs, der dich frißt.

Schließlich verfrachtet man dich
in Charons Nachen,
der nichts anderes
als eine ordinäre Truhe ist.

Alt

Du hast in den sauren Apfel gebissen,
dein Dasein angenommen.
Jetzt flennst du in die Kissen,
weil dir beklommen.

Du hast die Stange gerissen,
bist zu kurz geschwommen.
Dir steckt im Mund noch der Bissen,
weil dich verurteilt die Frommen.

Das Tischtuch ist zerrissen
zwischen dir und denen, die dir zuvorgekommen.
Der Himmel will von dir nichts wissen.
Deine Augen verglommen.

Du weisst

Du weißt, daß du mumifizierst,
du immer ähnlicher wirst
einem Schrumpfkopf im Glas.

Du weißt, wenn der Mond überm First
in tausend Scherben zerbirst,
daß du nichts bist als irgendwas.

Du weißt, wenn du in das Dunkel stierst,
dein Spiegelbild aus den Augen verlierst,
daß du nichts bist als Gras.

Das Alter

Jetzt schlägt dir das Alter
mit der Faust ins Genick.
Jetzt liest du den Psalter
mit trüberem Blick.

Jetzt engen Stenosen
deinen Spinalkanal.
Jetzt blühn deine Neurosen.
Jede Pause des Herzschlags ein Fanal!

Du liest wieder die Bibel.
Das läutert dich nicht.
Du hast keine Zwiebel,
mit der du dich heraufziehst ans Licht.

Das Altern

Das Altern, nein, empfind ich nicht
als ungerecht, als Strafe!
Auftut sich eine neue Sicht,
bin Herr nun, nicht mehr Sklave!

Ich triumphiere über sie,
die Todesfurcht. Ich lebe
mit ihm, dem Tod, in Harmonie,
bin Knospe an der Rehe!

Ich habe Dostojewskij gelesen

Als Junger las ich Dostojewskij.
Als Alter frische ich ihn wieder auf.
Leider war ich nie auf dem Newskij,
ich folgte der Amper Lauf.

Ich liebe den »Idioten«,
wollte schon immer »Fürst Myschkin« sein.
Steh ich auf von den Toten,
läßt man mich in das Paradies hinein?

Ich habe Dostojewskij gelesen.
Ist das ein Eintrittsschein?
Ich bin ein Gedichteschreiber gewesen.
Aber die Bibel ließ ich sein!

Alter Mann

Da hat einer seinen Hut
auf der Parkbank vergessen.
Wer hat hier geruht?
Wer ist hier gesessen?

Ein Gekritzel blieb zurück
mit dem Spazierstock in den Staub,
aber kein Hauch von Glück
im gilbenden Laub.

In der Dämmerung
das Aufglühn einer Zigarre.
Ein Lungenzug macht jung,
verzögert die Atemstarre.

Wie ein Blitz in den Baum

Was du gesprochen in der Nacht,
was du geflüstert im Traum,
das hat mich um den Schlaf gebracht,
das war wie ein Blitz in den Baum.

Ich habe dir zugehört,
wie im Atmen erstarrt.
Dein Traum hat mich verstört,
und er hat mich genarrt.

Ich weiß zwar nicht,
was du geträumt.
Erhellt vom Mond war dein Gesicht,
und du hast dich aufgebäumt.

Du hast dich gewehrt
gegen irgendwas.
Dein Mund war versehrt,
er schien mir schon Gras.

Hilflose Seelen

Wie die Windrose duftet!
Die standfesten Rosen erblassen vor Neid.
Du weißt, auch der Tod schuftet.
Laß ihm die Augenweid

beim Anblick der Siechen,
derer, die der Krebs zerfrißt!
Du beugst dich dem Unabänderlichen,
das nicht abzuwenden ist.

Ach, die Wundrosen,
die Windrose mit ihren Weindüften aus Burgund!
Zu einem Wort, einem bedeutungslosen,
öffnest du den Mund.

Ach, deine Madrigale, Ghaselen,
nichts als ein Erlösungsschrei!
An der Dichter hilflosen Seelen
schaut Gott vorbei!

Lausch der Stille!

Versuchsweise stumm sein.
Günter Grass

Schon jetzt die Stummheit üben,
die dich erwartet drüben!
Schon jetzt mach dir zu eigen
das jenseitige Schweigen!

Es spricht mit leisen Zungen
das Laub, vom Geist durchdrungen,
und schweigt es, lausch der Stille,
die schweigt ein großer Wille!

Abgefallenes Ahornblatt

Was les ich ab dem Ahornblatt,
das Amseln einst besungen?
Daß jedes Sein ein Ende hat,
entatmen sich die Lungen?

Ich les ihm ab die ewge Melodie
von Werden und Vergehen,
doch auch: die Liebe ende nie,
daß wir uns wiedersehen!

Die Mahnung

Geduldig hören sie uns zu,
die Bäume; denn sie haben Zeit.
Wir stören sie in ihrer Ruh
mit unserer Geschwätzigkeit.

Doch manchmal heben sie zu reden an.
Zur Zunge wird ein jedes Blatt,
das nachsichtig geschwiegen hat,
als ob es uns zum Stillsein mahn!

Die Mahnung

Die Inschrift der Platanenschatten,
verrätselt an der Kirchhofmauer.
Unlesbar macht sie in dem matten
Septemberlicht ein Blätterschauer.

Auf wessen Weisung Laub und Zweige
uns mahnend ins Gewissen schreiben,
daß alles Dasein geh zur Neige,
das wird wohl ein Geheimnis bleiben.

Wie ein Baum spricht

Willst du der Bäume Sprache lernen,
mußt du vom Menschsein dich entfernen,
dann mußt du erst zu Mulch zerfallen,
in dem die Buchenecker keimen kann,
der Sproß emporwächst und mit allen
den Seitentrieben sich entfaltet
zum laubgen Wipfel, deine Zunge,
die Staub war, sich zum Blatt gestaltet,
dem Atem leiht des Windes Lunge,
dann, wie ein Baum spricht, sprichst du irgendwann!

Der Trost der Bäume

Ihre Blätter sprechen aus,
was die Bäume denken.
Mögen wir ins Blattgebraus
still auch uns versenken,

niemals hören wir heraus,
was die Bäume denken,
die in Gram und Erdengraus
uns mit Trost beschenken.

Unbewegt

Haucht einer seinen Atem aus,
zieht weiter ungerührt der Mond.
Die Sterne flimmern überm Haus,
in dem die Seele nicht mehr wohnt,

in dem nur mehr die Hülle liegt,
die einst ein warmes Herz umhegt.
Der Wind die Weidenzweige biegt.
Der Schöpfer, er bleibt unbewegt

wie alle seine Kreatur.
Es schmerzt den Baum nicht, fällt ein Blatt.
Der Regen löscht im Staub die Spur,
der keine Tränen für uns hat.

Die Rosen blühen ohne dich.
Nicht trauriger des Kuckucks Ruf.
Warum um uns nicht härmt er sich,
der als sein Ebenbild uns schuf?

Wie werde Eden ich erleben?

Wie werde Eden ich erleben?
Gibt dort es noch den Apfelbaum,
des Frucht mich macht vor Lust erbeben?

Und hält mich diesmal Gott im Zaum,
daß ich nicht wieder sündig werde,
er nicht zurückstößt mich zur Erde?

Der Haselnusskern

Wann fängt er an zu schlagen,
der Herzkern in der Haselnuß?
Ich scheue mich zu fragen,
Geheimnis bleibt des Gotts Beschluß.

Ich scheue mich, die Schale
zu brechen und zu blicken auf den Kern.
Ich sähe das fatale,
das fremde Herz, dem meinen, ach, so fern!

Begänne es zu schlagen,
mir stünde wohl das eigne still.
Ich würd das Herz gern fragen,
ob Bruderherz es mir sein will!

Verziehn

Wie der Zweig sein welkes Blatt,
wirft mich ab des Lebens Baum,
bin ich abgelebt und matt,
und ich sink in Schlaf und Traum,

modere so vor mich hin
in der sanften Erde Grund,
bis ich selber Erde bin,
welcher, falls man mir verziehn,
Odem einhaucht neu ein Mund.

Hagebutten

Sind Rotweinfäßchen, Hagebutten.
Wo sind die Mönche, dicken Bauches?
Nur Wolken wie gebauchte Kutten!
Wo sind die Wahrer frommen Brauches?

Wer hebt den Schlegel, einzuschlagen
den Spund, Burgunderwein zu schenken?
Wo sind die Mönche, die es wagen,
nicht an die Matutin zu denken,
den Weinschlauch in den Schlund zu lenken?

Ich bitte Bacchus um ein Wunder:
Er forme aus den Wolkenbäuchen
leibhaftig Mönche, die Burgunder
frommfröhlich schlürfen aus den Schläuchen.

Die Mönche, seligen Gedenkens
der Wonne längst vergangner Zeiten
und in der Lust Sichselbstbeschränkens,
sie schlössen ein mich in die Runde,
ich sei der Prior in dem Bunde,
und einer der mit Wein Geweihten!

Beim Abflug der Reiher

... beim Abflug der Reiher ...
Alexander Xaver Gwerder

Beim Abflug der Reiher
bleibe ich verstört zurück.
Das Schilf im Weiher,
was flüstert es? Vom Glück?

Vom Unglück, das geschehe?
Auf einem Bein ein Reiher blieb zurück.
Ich sinne, sein Wohl und Wehe
sei auch von mir ein Stück.

Föhren

Ich liebe Holz, gezimmert
zu Wiegen, auch zu Särgen.
Mich wird die Truhe bergen,
in der die Seele wimmert.

Und wird man aus der Truhe
noch andre Laute hören,
so stöhnt das Holz der Föhren,
das findet keine Ruhe.

Soll werden ich ein Baum

Die Haut wird mir, ich spüre es, zur Rinde,
zu Käfergängen werden meine Adern.
Soll werden ich ein Baum, wähl ich die Linde,
und würd ich Weide, werd ich auch nicht hadern.

Jedoch, ich möchte keine Fichte werden,
aus der man einen Sarg für einen zimmert,
der keine Ruhe findet, nur Beschwerden,
weil arg im Holz des Baumes Seele wimmert!

Der Erde verfallen

Unsrer Erde bin ich ganz verfallen,
ihren Elementen Feuer, Wasser, Luft,
fühle mich beseelt von ihr und allen
Wesen, ihren Äußerungen, Hauch und Duft,
spüre auch in mir die Rosengallen
wachsen, seh vor mir sich auftun schon die Kluft
zwischen Erde und des Himmels Hallen,
sicher aber birgt davor die Erde mich in ihrer
Gruft.

Erde

Erde, wieg nicht zu schwer auf mir,
denn ich wog auf dir nicht zu schwer.
Grabspruch der Anna Pawlowa

Ich bin nicht federleicht wie sie,
die ihn, den sterbenden, den Schwan
getanzt. Ich wiege schwer, doch nie
mit mir wird sinken Charons Kahn;

eh er vom Ufer ihn abstößt,
hat Erde sich um mich geschmiegt,
in der es sich, bin ich erlöst,
leicht wie in Morpheus' Armen liegt,

des sanfteren der beiden Brüder.
Ich träum, mit Erde leicht bedeckt,
daß mich kein rüder
Posaunenschall jeh weckt.

Die Erde

Zu schwer zum Flug ist meine Stunde ...
Oskar Loerke

Zu schwer zum Flug ist meine Stunde.
Die Erde nimmt mich lang in Haft.
Doch stillt sie meine Sehnsuchtswunde
mit ihrer Wesen Bruderschaft.

Beseligt lieg ich ihr am Munde,
ergebend mich in ihre Haft,
und bricht mir auf die Sehnsuchtswunde,
entläßt sie mich zur Wanderschaft.

Auch der Schmerz

Alles strebt der Erde zu,
Blüte, Blatt und Flügel, du,
eins mit ihr zu werden.
Niemals enden die Beschwerden:
Alles, was zerfällt zu Staub,
wiederaufersteht der Leib, das Laub,
alles sich zusammenfügt aus Scherben,
auch der Schmerz erneuert sich auf Erden.

Die Botschaft

Ich horche in die Erde
und hör mich in sie ein,
daß mir Gewißheit werde,
sie würd mir freundlich sein

und liebreich mich empfangen,
werd ich ihr anvertraut.
Vielsagend meine Wangen
umschmeicheln Gras und Kraut.

Leis flüstert mir die Grille
die Botschaft in das Ohr,
die Erde schenke Stille,
die ich so oft beschwor.

Wegweiser

Der Weiser zeigt den Berg hinan
und weist darüber weit hinaus.
Nähm gen den Himmel ich die Bahn,
käm ich dann sicher auch nach Haus?

Was ich an unsrer Erde hab,
ich weiß es wohl und dank dafür.
Ein andrer Weiser zeigt hinab.
Dem folg ich: Offen steht die Tür.

Prost!

Gott hat uns dies bestimmt als Trost,
Erlöst uns einst am Grab zu sehen.
Alexander Block

Mir ist's kein Trost, vielmehr, ich bin erbost,
muß ich von dieser schönen Erde gehn!
Mir ist es nie genug, wenn Duft mich kost
des Flieders in des Abendwindes Wehn!

Mir ist es nie genug, wenn schäumt der Most
im Krug und braune Frauenaugen flehn!
Setzt mein Gebein auch an ein wenig Rost,
ich will wie stets an meinem Schreibpult stehn!

Mir ist es nie genug, vereist der Frost
auch Fleisch und Blut, ich will im Tanz mich drehn,
und sei's im Totentanz! Dann, Tödlein, Prost!
Ihr Freunde, dann auf Nimmerwiedersehn!

Den Tod hat noch keiner gesehn

Den Tod hat noch keiner gesehn,
aber die Toten und deren Henker,
die feixend in der Runde stehn,
die vom Volk der Dichter und Denker.

Ich habe Tote gesehn
mit einem Lächeln auf den Lippen.
Sie waren zu stolz, um Gnade zu flehn
von denen, die sie ins Massengrab kippen.

Den Tod hat noch keiner gesehn.
Er hat die Visage wohl derer,
die sich als Ebenbild Gottes verstehn,
als Vorbilder und Volkes Lehrer.

Der mit dem Ohngesicht

Ein Blutfleck an der Zimmerwand,
ein winziger, von einer Mücke,
die dein Blut erquicklich fand.
Sie hinterläßt keine Lücke,

so wie auch du nicht,
wenn er dich zerquetscht,
der mit dem Ohngesicht,
der schon die Zähne fletscht.

Der letzte Stich

Du bist lebenslang der Gesuchte,
am Ende findet er dich,
den noch jeder verfluchte,
und der noch keinem von der Seite wich.

Du bist lebenslang der Gestreifte,
daran erkennt er dich.
Wenn er dich bis jetzt noch nicht unters Fallbeil schleifte,
er verzichtet nicht auf den letzten Stich.

Erinnerungsbild

Solange es dich gibt,
wirst du kaum wahrgenommen.
Bist du zu Staub zersiebt,
entsteht ein Bild, verschwommen:

Dein geöffneter Mund
mit den grün schimmelnden Zähnen,
und wenn du lachst ohne Grund,
oder beim Gähnen

der gerötete Schlund,
die eitrigen Mandeln.
Aber auch ein Veilchenbund
auf einem Sarg aus Sandeln.

Die Finger der linken Hand

Die Finger der linken Hand
reichen aus,
um zu zählen,
wie lange du noch zu leben hast.

Der Zeigefinger trägt einen Verband,
zu lange stochertest du im Dunkeln.
Der Mittelfinger wird dir zur Last.
Auch der kleine Finger fängt an dich zu quälen.

Noch hält der Ringfinger aus.
Du darfst ihn nicht schmälen!
Was ist mit dem Daumen?
Auch den mußt du zählen!

Schon spürst du am Gaumen:
Im Grab ist gut munkeln.

Die andern

Jetzt bist du dran
wie die andern.
Karl Krolow

Irgendwann bist du
der andere.
Zurück bleibt dein Schuh.
Wohin der wohl wandere?

Zurück bleibt dein Hut.
Was soll er machen
ohne deinen Kopf!

Nur ruhig Blut!
Es ist zum Lachen,
wächst aus deinem Grab dein Schopf!

Wer reißt ihn aus?
Die andern?
Es gibt keine andern mehr im Haus!
Dein Sohn liegt in Flandern!

Das leere Zimmer

Das leere Zimmer,
es redet noch immer
mit den Stimmen derer, die starben.

Ich werde es ocker streichen,
damit die Stimmen weichen,
oder in anderen Farben.

Oder ich klebe an die Wände Tapeten.
Mögen dahinter sie bitten und beten,
die Stimmen vernarben!

Scharlatan

Der Tod ist groß.
Rainer Maria Rilke

Der Tod ist groß?
Doch nicht für mich!
Ich halt ihn bloß
für lächerlich!

So ohne Schoß,
der gebären kann,
so ohne Glied,
das zeugen kann,

so ohne Unterschied
von Frau und Mann
ist er mir bloß
ein Scharlatan.

Valse triste

Ihr seid so hochgelobte Wesen
und dünkt euch göttergleich!
Ihr rechnet gut, jedoch ihr könnt nicht lesen
der Sterne Blindenschrift im Teich!

Ihr habt zu plumpe Fingerspitzen,
verschlossen bleibt euch die geheime Schrift!
Die Schwalben, die im Flug das Wasser ritzen,
entziffern, wen und wann der Pfeil des Todes trifft.

Ja, gastlich ist das Grab

Ja, gastlich ist das Grab.
Es lädt uns alle ein,
und keinen weist es ab,
ein jeder Gast soll sein.

Es bettet jeden weich,
und jeder findet Ruh.
Der eine ist dem andern gleich,
und jeden deckt die Erde zu,

fürsorglich, mütterlich,
sie, die uns einst gebar,
und jeden nimmt sie sich
zurück mit Haut und Haar.

Wozu?

Wozu das alles,
Vergeblichkeit und Ruhm
des Seins, des Falles,
die Qual, das Heldentum?

Wozu die Schwären,
das langsame Verglühn,
des Fleisches Gären,
Wundrosenblühn?

Wozu verwesen
wie abgelebtes Laub?
Wozu genesen
als auferstandner Staub?

Auf den Abflug warten

Am Abend überflogen meinen Garten
Hölderlins holde Schwäne.
Ich werde auf den Abflug warten,
da anderweitig in Betrieb Charons Kähne!

Es ist auch romantischer zu fliegen,
als hinübergerudert zu werden,
in einem Totennachen zu liegen
oder in einer Truhe, gezogen von Pferden.

Der Tod

Was bleibt ihm schon
von mir: nur Staub!
Das ist der Lohn
für seinen Raub!

Was bleibt ihm schon
für seine Gier:
ein Blubberton
als Letzts aus mir!

Wie ihn beschreibt
mein Spottgedicht:
Er ist und bleibt
ein armer Wicht,

der nirgendwo
ein Ansehn hat.
Es wird kein Floh
von Knochen satt!

Staub

Unsterblicher Staub!
Peter Hamm

Auch der Staub ist sterblich!
Er stirbt zurück in das Fleisch!
Auch die Sterblichkeit ist erblich!
Er wird zum Gekreisch

aus menschlichen Mündern!
Zum Ohr wird wieder Staub!
Der Staub wird wieder zu Sündern,
gegen Gottes Mahnungen taub!

Auch dieser ist sterblich!
Er stirbt zurück in sein Ebenbild!
Auch Gott ist erblich!
Der auferstandene Staub erbt ihn, wild und mild!

Wieder Brodem

Geselle dich immer zur Erde, mein Staub,
bist ja mit ihr verwandt.
Christian Friedrich Daniel Schubart

Ich hör in mir den Staub schon knistern,
zu dem ich einst zerfallen werde,
und beide werden sich verschwistern
und wieder eins sein, Staub und Erde,
wie in der Urzeit, wieder Brodem,
noch ohne eingehauchten Odem.

Die Sterne

Und als Totenlampen schweben
Nachts die Sterne über mir.
Heinrich Heine

Und als Totenlampen schweben
nachts die Sterne über mir.
Herr, wann darf ich mich erheben,
auferstehen, Herr, zu dir?

In der Erde ist kein Leben!
Bin gepeinigt von der Würmer Gier!
Lasse, Herr, die Erde beben,
daß sie weit sich auftu mir!

Himmelwärts möcht ich gern streben!
Hilf, daß ich mich nicht verlier!
Wandle, Herr sie zu Zibeben,
Sterne, Totenlampen über mir!

Dank an die Seele

Ausgewandert bist du, weit von hinnen,
Und ich hol dich, Seele, nicht zurück.
Albrecht Goes

Ausgewandert bist du, weit von hinnen,
und ich hol dich, Seele, nicht zurück.
Nichts bleibt als ein Leib voll Asseln, Spinnen,
ausgehöhlt von Freuden, Leiden, Glück.

Nichts bleibt als die dunkle Erde,
während Seele du ins Lichte strebst.
Wissend, daß mein Leib absterben werde,
danke ich dir, Seele, daß du lebst!

Ihr braucht die Nächte …

Rudolf Hagelstange

Ihr braucht die Nächte, denn ihr scheut
das Licht der frommen Denkungsart!
Nie habt, was ihr getan, bereut.
Ihr glaubt nicht an die Himmelfahrt.

Ihr machtet sie euch untertan,
die Erde, wie euch Gott befahl,
und machtet sie im Größenwahn
zur Schlachtbank und zum Leichental.

Ihr braucht die Nächte, nicht das Licht,
das eure Taten grell bescheint,
und eure Herzen rührt es nicht,
wenn um den Sohn die Mutter weint.

Der Tod kommt mitten in der Nacht.
Ihr haltet euch für unbesiegt.
Er hat im Traum euch angelacht,
in seinen Nachen eingewiegt.

Brandopfer

Wir streben all zu Gott hin …
Konstantin Balmont

Wir streben all zu Gott hin.
Doch ob er es uns lohnt?
Wenn ich auf dem Schafott bin,
er unerschütterlich thront!

Wenn mein Kopf fällt und rollt,
schaut er ungerührt zu.
Ohne daß er es gewollt,
zertritt keinen Wurm dein Schuh!

Ohne daß er es will,
kein Scheiterhaufen loht,
und wird es in der Gaskammer still,
geschieht's nach seinem Gebot!

Warum streben wir hin
zu Gott, der unser höhnt?
Warum liegen wir vor ihm auf den Knien,
legen an den Scheiterhaufen den Kien,
auf dem das Brandopfer stöhnt?

Barmherziges Gras

Das Opferfeuer lischt aus,
der Opferrauch verweht.
Unerhört bleibt
das Opfergebet.

Aber barmherziges Gras
wächst über das Brandmal,
das in die Krume das Feuer fraß,
heilt die Wunde, das Schandmal.

Mensch mit Gottgesicht

Mich quälte Mensch mit Gottgesicht.
Friedrich Schnack

Mich quälte Mensch mit Gottgesicht:
der in das Gas trieb, tuend seine Pflicht.

Er hat den Ofen angeschürt,
warf Menschen in das Feuer, wie's gebührt.

Und nach getaner Arbeit hat
er Bach gespielt vom Blatt.

Er war ein Kunstmensch, feingestimmt,
sah weg, wenn man den Hund getrimmt.

Doch wer nicht seiner Rasse war,
dem schor er lustvoll Bart und Haar,

des Haut hat er zum Lampenschirm gegerbt,
sein Gottgesicht dem Sohn vererbt.

Jüdischer Friedhof

Umgefallene Steine,
überwuchert von Moos und Flechten.
Dort unten ruhn die Gebeine
der Ahnen, der Gerechten.

Aber die Asche der Kinder,
aber die Asche der Enkel wo?
Die gestorbenen Schinder,
sind sie der Seligkeit froh?

Heute

Früher schlugen sie sich den Zylinder ein,
der Kopf darunter blieb heil.
Heute schwören sie Stein auf Bein,
ein einziger Faustschlag, der tötet, sei geil.

Keiner kann mehr den Gekreuzigten sehn,
und ohne »So wahr mir Gott helfe!« der Schwur.
Heute tauchen sie im Anzug aus Neopren
und finden im Meer nicht mehr ihres Anfangs Spur.

Heute kommt zu Ehren jeder Strolch,
sitzt auf feistem Hintern im Parlament,
und war doch in der Urzeit im Morast ein Molch,
als den er sich nicht mehr erkennt.

Spassig

Kammermusik und Vergasen,
wie paßt das zusammen?
Es gibt Lebensphasen,
da wir verzeihn und verdammen,

Leben spenden,
garantiert reinrassig,
ein artfremdes beenden –
ist das nicht spaßig!

Der Frieden

Der Frieden dauert schon zu lange,
das halten die Menschen nicht aus.
Der Frieden macht ihnen bange
wie der Frieden im eigenen Haus.

Da ist nichts im Schwange,
die Lichter gehen nicht aus.
Der Frieden nimmt sie in die Zange,
der Frieden ein Graus!

Import, Export

Dein intellektueller Hochmut vergeht dir ganz schnell,
wenn der Krebs an dir frißt.
Dann sträubt sich dein Fell
du unsicherer Kantonist.

Dein Herz ein Schrapnell,
das explodiert.
You are hoping, well,
daß dich das Paradies importiert.

Man weiß nicht, welches Kartell
in den oberen Regionen die Seligen traktiert.
Dir wird erst vor den Augen hell,
wenn man dich mangels Eignung wieder auf die Erde exportiert.

Nur noch Geflacker

Weißt du: Die Toten leben,
die tot sind, das sind wir!
Wir atmen noch und heben
die Hand: Herr Wirt, ein Bier!

Es scheint die Handbewegung
zu beweisen, daß
in dir noch eine Regung:
Herr Wirt, noch eine Maß!

Doch ist's nur noch Geflacker
von Elektrizität
im Nervennetz der Racker,
die Tod schon hat erspäht.

Sein oder Nichtsein

Sein oder Nichtsein,
wem geht das schon durch den Kopf!
Der eine schlachtet ein Schwein,
ein andrer füllt nachts den Topf.

Sein oder Nichtsein.
Wer weiß schon, was ihm wächst unterm Schopf!
Das tägliche Klein-Klein.
Hauptsache: Gefüllt ist der Kropf!

Der Flug der Vögel

Voll Harmonien ist der Flug der Vögel.
Georg Trakl

Und voll Gesang sind ihre Flüge.
Die Luft singt unter ihren Schwingen.
Zu deuten nicht die Vogelzüge!
Ob künden sie von letzten Dingen?

Die wilden Brüder, sanften Schwestern
des Todesengels, Raben, Schwalben,
führn sie vor Augen uns das Gestern,
das Morgen mit den Engelsalben?

Die Auferstehung uns posaunen,
das Ewige Gericht trompeten
die Kraniche, und die nur raunen,
die Zeisige, sie alle beten

die Allmacht an, die wir nur ahnen.
Ihr Flug ist voller Harmonien,
doch wirr sind unsre Lebensbahnen.
Noch aber ist uns nicht verziehen!

Der uns Unsterblichkeit verspricht

Zugemessen ward
dem Lichte seine Zeit …
Novalis

Und zugemessen ward der Dunkelheit
in gleicher Weise ihre Zeit.
So wie erfreut des Lichts Geschmeid,
erfüllt das Herz mit Trauer auch das Leid.

Der uns den Tag beut und die Nacht,
der züchtigt uns und selig macht,
der zumißt uns die Lebenszeit,
er hält uns auch den Tod bereit,

den Tod, dem einen süß, dem andern Graus,
da ihm genügt das Erdenhaus.
Der uns Unsterblichkeit verspricht,
warum macht er uns erst zunicht?

Gedämpfter Schmerz

Der rain bereitet aus gesträuch und blüten
Den duft des abends für gedämpften schmerz.
Stefan George

Der Rain bereitet aus Gesträuch und Blüten
den Duft des Abends für gedämpften Schmerz.
Ich seh den Mond die Herde hüten
der Sterne aus gegossnem Erz.

Wird Gott mir meinen Schmerz vergüten,
indem er zieht mich himmelwärts,
der schmachtet in der peindurchglühten
Vorhölle Erde, dämpft mein Herz?

Es ist ein Gott, der lacht

Es ist ein Weinen in der Welt …
Else Lasker-Schüler

Es ist ein Weinen in der Welt.
Es ist ein Gott, der drüber lacht,
und der mit Mond und Stern erhellt
der Menschen Leid und Sterbensnacht.

Es ist ein Weinen in der Welt.
Es ist sein eignes in der Nacht,
und über das, dem Menschen zugesellt,
sein eignes Bild, er lacht.

Verlorenes Vertrauen

Jener ewigen Ruh ist nicht zu trauen.
Karl Kraus

Arglistig hat er uns vertrieben.
Arglistig holt er uns zurück
ins Paradies! Soll ich ihn lieben,
der gaukelt vor das ewge Glück?

Ich aber kann nicht auf ihn bauen!
Zu oft hat er enttäuscht, gestraft!
Verloren ging mir das Vertrauen
in lebenslanger Erdenhaft!

In der Dorfkirche

Der Kelch im Tabernakel,
im Kelch das Hostienbrot.
Herz Jesu, lodernd Fackel,
die den Altar umloht.

Die weißgeschopfte Taube
versinnbildlicht den Geist.
Maria mit der Traube
der Brust den Knaben speist.

Durchbohrt von sieben Pfeilen
der heilige Sebastian.
Auch mir weiß ich bisweilen
den Himmel aufgetan.

Kein Gott

Kein Gott, der mich aufheitert,
dem ich so gleichgültig bin
wie mein Herz, das sich erweitert,
und mein nächtliches Atemziehn.

Kein Gott, der sich kümmert,
dem seine Schöpfung so gleichgültig ist
wie der Katzenkörper, der verstümmelt
weggeworfen wurde auf einen Haufen Mist.

Kein Gott, der barmherzig
Sünden verzeiht,
und auf den ich schmerzlich
hoffe und auf die verheißene Seligkeit.

Gottes Ebenbild

Sie bauten Dome und Kanonen.
Die Heutgen, klüger, bauen Drohnen,
mit denen töten sie vom Drehstuhl aus.
Erfindergeist, verdient er nicht Applaus!

Das hat der Mensch voraus den Tieren:
das Selektieren, Eliminieren.
Warum nennt man die Tiere wild,
den Menschen Gottes Ebenbild?

Unsere Biographie

Wird unsere Biographie neu geschrieben
im jenseitigen Leben?
Wird unser Hassen und Lieben
drüben vergeben?

Ist unsere Biographie mit dem Sterben
erloschen?
Ich fürchte, drüben ist nichts zu erben.
Für unsere Biographie gibt's nicht einmal
einen rostigen Groschen!

Ich glaube nicht, daß Gott die Feder spitzte,
unsere Biographie neu zu schreiben.
Wenn sich unser Blut wieder gegen ihn erhitzte,
er würde uns erneut vertreiben!

Der Widerruf des Schöpfers

Ich höre aus den Sphärenklängen
des Schöpfers Jammerruf heraus,
den Reu und Scham bedrängen
ob seiner Schöpfung Graus.

Ich hör aus des Gestirns Gesängen
des Schöpfers Widerruf heraus,
den Reu und Gram bedrängen.
Wann löscht er seine Schöpfung aus?

Die Auferstehung

Wird er uns der Fesselung entbinden,
uns die Erde öffnen, einen Spalt breit nur,
daß zurück wir in den Garten finden,
drin gelöscht längst unsrer Füße Spur?

Der des Paradieses uns verwiesen,
wird er uns empfangen, uns vergeben,
laben uns, wo Milch und Honig fließen,
uns entschädigen mit ewgem Leben?

Schlittenfahrt

Hörst du nicht die Pferde scharren?
Heiter wird die Schlittenfahrt!
Hörst du nicht die Truhe knarren?
Eis klirrt an des Toten Bart.

Auf den Bäumen Krähen schnarren.
Für das Grabscheit Lehm zu hart!
Leute, die der Truhe harren.
Heiter wird die Himmelfahrt!

Der 84-jährige Dichter spielt wie in der Jugendzeit immer noch mit Begeisterung Geige, vor allem Bach und Mozart. Noch ist ihm die Hand nicht erlahmt, noch ist sie lebenswarm.

In gleicher Weise führt er unentwegt und unbeirrt die Schreibfeder, verfasst Gedichte wie in jungen Jahren.

Er liebt Blumen und Bäume sowie jegliche Erscheinungen und Äußerungen der Natur, der er sich brüderlich verbunden fühlt.

Das Alter verdrießt ihn trotz aller Beschwerden nicht, und das nahende Ende schreckt ihn nicht, gehen doch Leib und Seele nach seinem festen Glauben ein in die Kraft, die jegliches Leben zwar dahinrafft, jedoch auch wieder neu erschafft.

Inhalt